For Belinda, Bob, Anne
and everyone fighting to protect
these animals in their habitat

A percentage of the royalties from
this book is being donated to the
Wildlife Protection Society of India

Published by
Mantra Publishing
5 Alexandra Grove
London N12 8NU
www.mantrapublishing.com

ঝপাৎ !
Splash!

Flora McDonnell

Bengali translation by
Sujata Banerjee

mantra

গরম! গরম! কি গরম!
হাতিদের লাগছে গরম!

Hot, hot, hot!
The elephants
are hot.

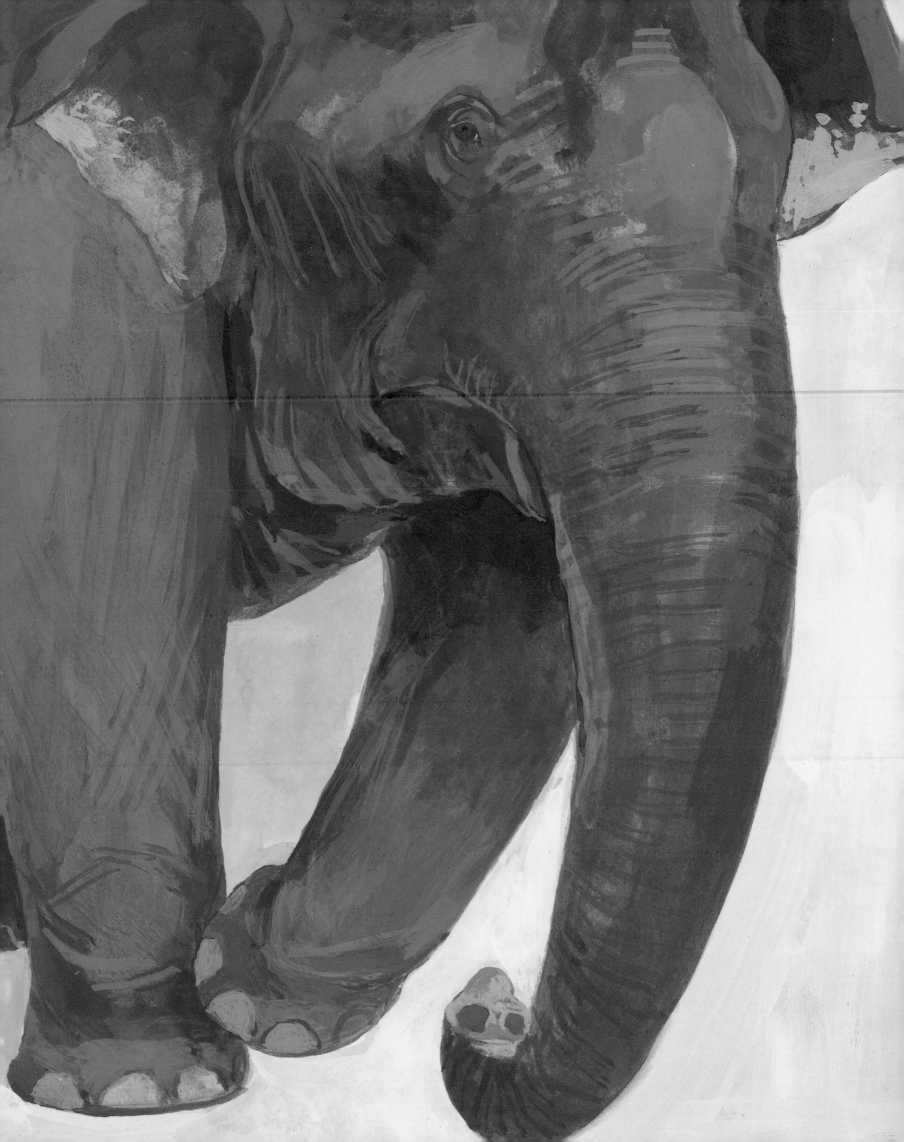

বাঘের লাগে গরম।

Tiger is hot.

গণ্ডারের ভীষণ গরম।

Rhinoceros is hot.

চলো যাই
বেবির সাথে. . .

Let's follow the baby
down to the ...

নদীতে। আ! কি সুন্দর জল।

water. Lovely water.

জল –পান
করতে পারি।
আর জল...

Water to
drink.
Water to ...

squirt,
squirt,
squirt!

ছোড়াছুড়ি করে
খেলতে
পারি!

Splash!
goes Mother Elephant.

ঝপাৎ করে
এলো মা হাতি।

থপাস্
করে এলো গণ্ডার!

Splosh! goes Rhinoceros.

Whoosh!
Sploosh!
goes Tiger.

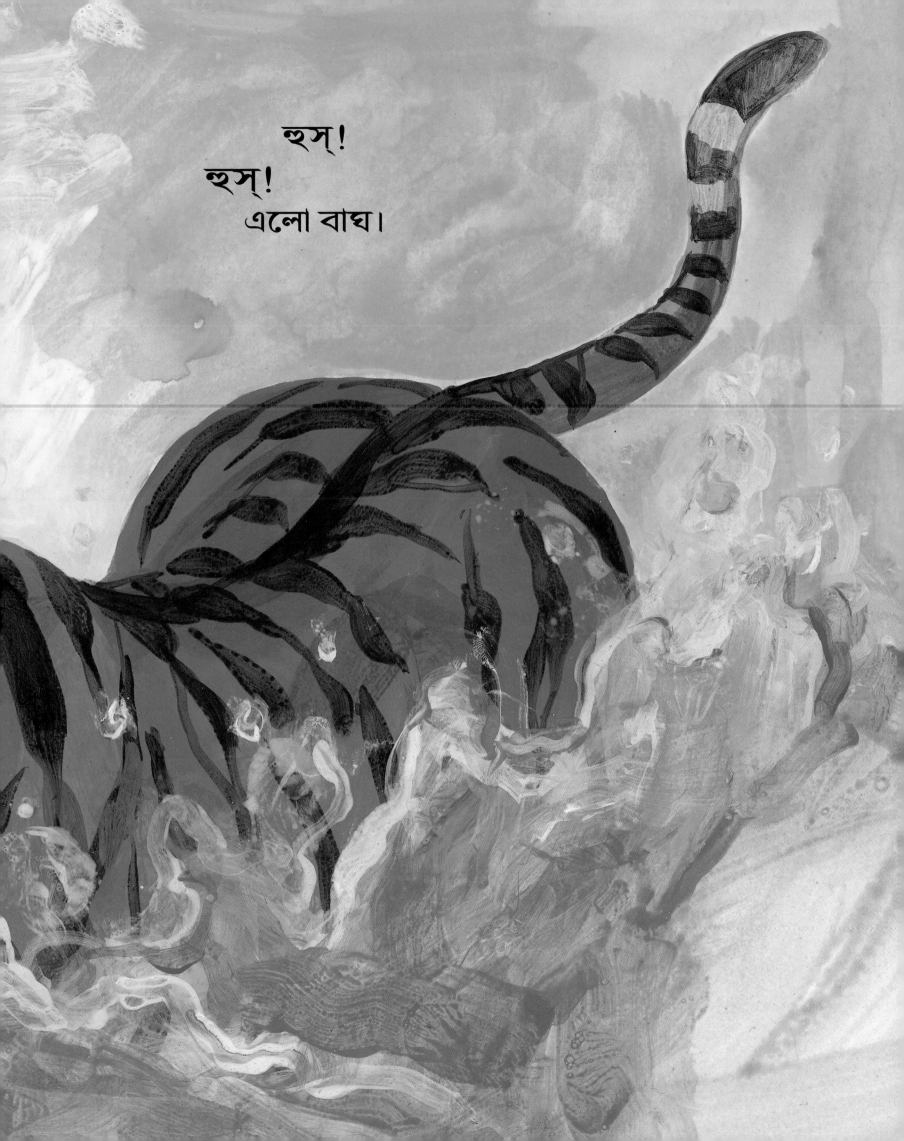

হুস্!
হুস্!
এলো বাঘ।

ঝপাৎ!

Splash!

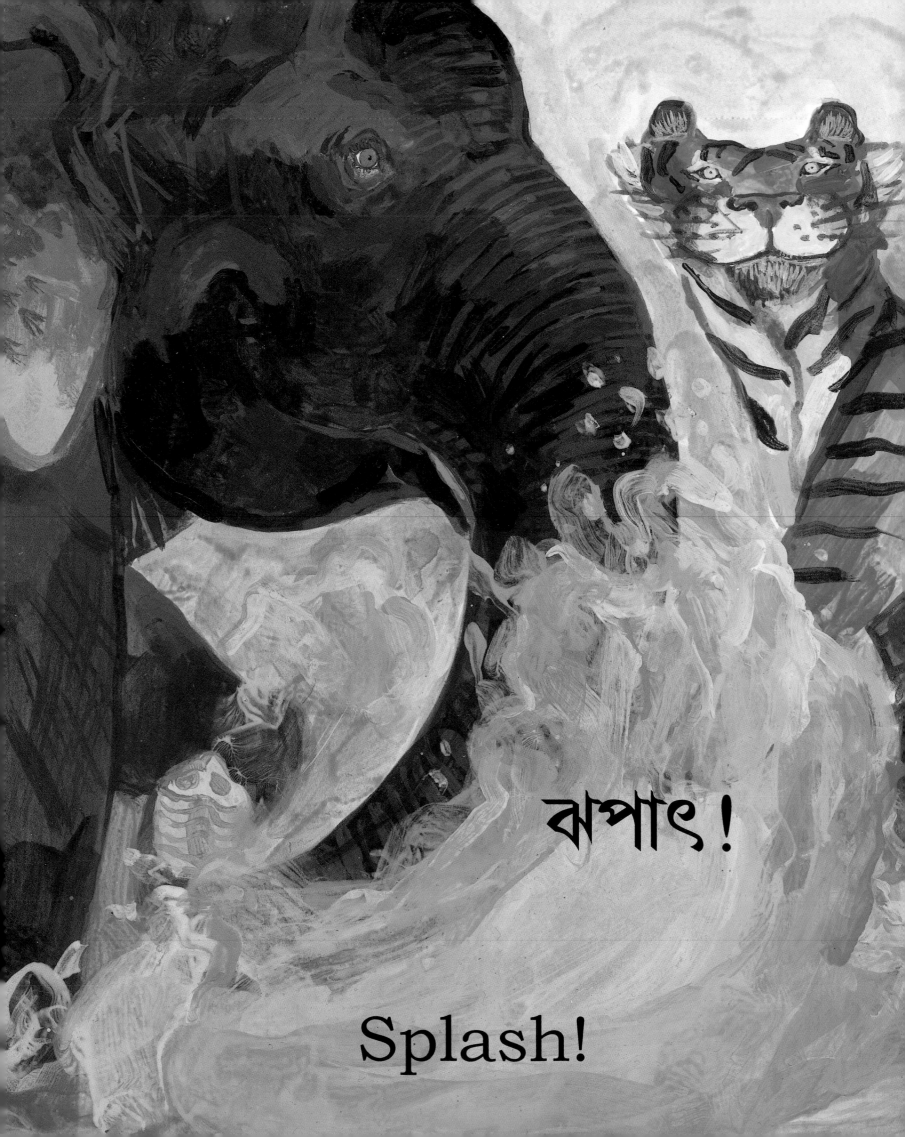

ঝপাৎ !

Splash!

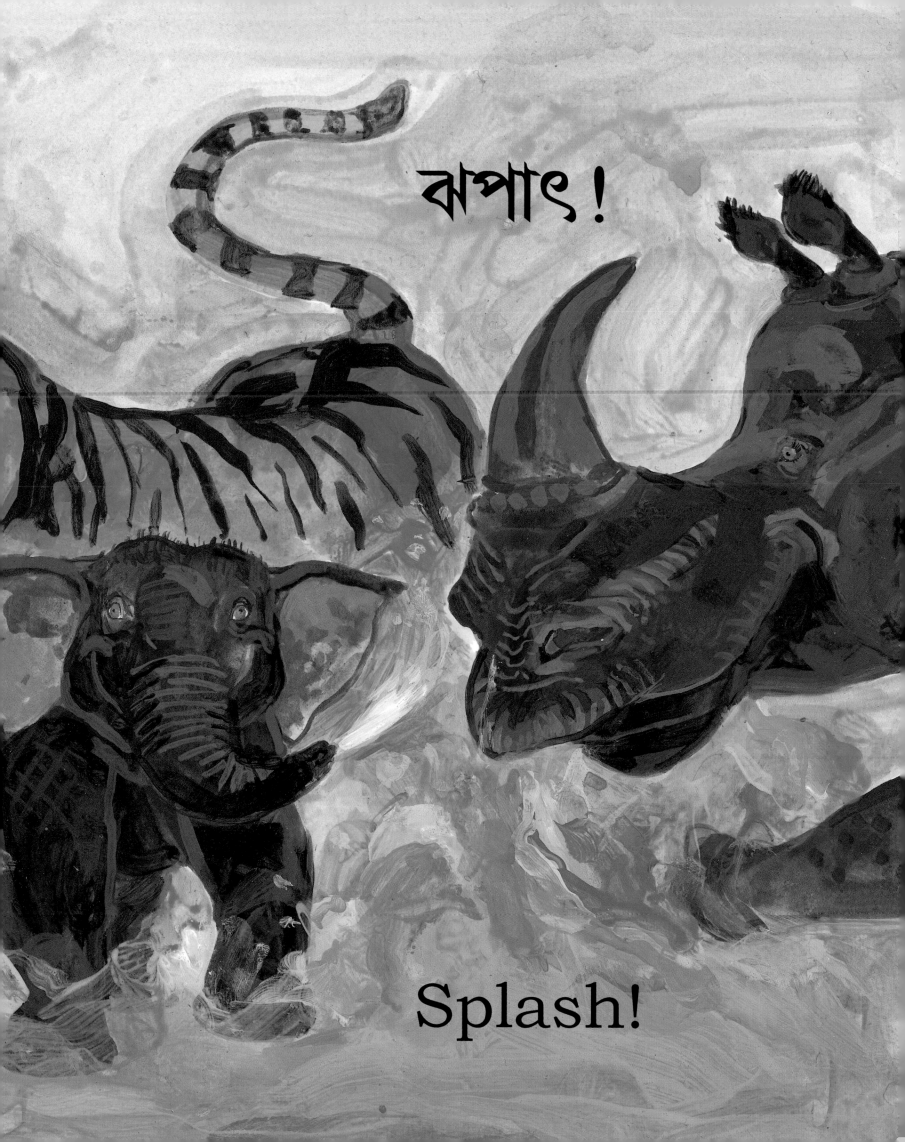

বাঘ এখন ঠাণ্ডা তাই খুশী।

Now Tiger is cool and happy.

গণ্ডার এখন ঠাণ্ডা তাই খুশী।

Now Rhinoceros is cool and happy.

মা হাতি
এখন ঠাণ্ডা
তাই খুশী।

Now Mother
Elephant is
cool and happy.

কি খুশী, ঠাণ্ডায়
চতুর বেবি হাতিটা !

What a happy,
cool, clever little
baby elephant!